D1701462

Hans-Ulrich Stiehl

Ulm

Alle Texte und Bilder von Hans-Ulrich Stiehl

Übersetzungen:
Anja Reuthe (englisch)
Katharina Thimm (französisch)

1 Auflage 2010
Alle Rechte vorbehalten, auch die des auszugsweisen Nachdrucks
und der fotomechanischen Wiedergabe.
Layout und Satz: Christiane Zay, Bielefeld
Druck: Bernecker MediaWare GmbH, Melsungen
Buchbinderische Verarbeitung: Büge, Celle
© Wartberg Verlag GmbH & Co. KG
34281 Gudensberg-Gleichen, Im Wiesental 1
Telefon: 0 56 03 · 9 30 50
www.wartberg-verlag.de
ISBN 978-3-8313-2320-3

Vorwort

Was verbinden Sie mit der Stadt Ulm?

Donau, Reichsstadt, Münster mit dem höchsten Kirchturm der Welt, der Ulmer Spatz, die Universität …

Das stimmt alles und ist doch längst nicht alles, was diese liebenswürdige kleine Großstadt ausmacht.

Sie liegt beneidenswert schön zwischen Schwäbischer Alb und Voralpenland, sie hat bedeutende Industrien, bedeutende Hochschulen, eine hohe Lebens- und Wohnqualität und pflegt ihr historisches Erbe.

Dieser Bildband nimmt Sie mit auf einen fotografischen Spaziergang durch Ulm, eine jener Städte, die man unbedingt kennenlernen muss.

Hans-Ulrich Stiehl

Foreword

What do you relate to the city of Ulm?

The Danube, the Reichsstadt, a Muenster with the highest church tower of the world, the sparrow of Ulm, the university …

This is all true but it is truly not all that this lovely small major city has to offer.

The city of Ulm is located in the ravishing area between the Swabian Alb and the forelands of the Alps. It has got industry of importance and outstanding universities, a high standard of living and maintains its historical heritage very well.

This book takes you onto an illustrated walk though the city of Ulm, one of those cities which, there is no doubt about it, one has to get to know.

Hans-Ulrich Stiehl

Préface

A quoi pensez-vous quant vous entendez parler de la ville d'Ulm?

Le Danube, une ville impériale, la Cathédrale avec le plus haut clocher du monde, le moineau d'Ulm, l'Université …

C'est bien vrai mais la ville d'Ulm qui est tout aussi charmante et pittoresque est encore bien plus que cela.

Cette belle ville est située dans les environs magnifiques du Jura Souabe et de la Souabe supérieure. A Ulm se trouvent quelques entreprises importantes, une université, une école supérieure et plusieurs instituts de recherches. Elle offre à ses habitants une qualité de vie supérieure et cultive son patrimoine historique.

C'est bel et bien une ville qu'on doit absolument apprendre à connaître.

Découvrez cette ville séduisante par ce volume illustré et les photos inclues.

Hans-Ulrich Stiehl

Die Altstadt

Den schönsten Blick auf Ulm hat man sicher vom Neu-Ulmer Donau-Ufer aus. Von dort kann man die Ulmer Altstadt bewundern, hinter deren schönen Fassaden und Giebeln sich das mächtige Münster erhebt.

The historic city centre

The Danube's riverbanks of Neu-Ulm provide the best view towards the city of Ulm. Behind the beautiful faces and gables of the historical city centre the monumental Muenster rises into the sky.

La vielle ville

La vue la plus belle vous l'auriez certainement depuis la rive du Danube à Neu-Ulm. Depuis là on peut admirer le panorama de la vielle ville avec ses belles façades parfois voûtées derrière lesquelles se dresse majestueusement l'imposante cathédrale.

Das Münster

Ulms ganzer Stolz und Wahrzeichen ist das im Stadtzentrum gelegene gotische Münster mit dem höchsten Kirchturm der Welt (161,53 m). Begonnen wurde der Bau im Jahre 1377, wobei das Vorhaben ausschließlich von den Ulmer Bürgern finanziert worden war.

Es sollte 20 000 Menschen fassen, mehr als die Stadt damals Einwohner zählte. 1529 wurde der Bau fortgeführt und erst 1844–1890 fertiggestellt.

The Muenster

Ulm prides itself with its emblem, the Gothic Muenster. Located in the very city centre it has got the highest tower of the world (161.53 metres). The construction started in 1377 and it has to be said that this project had been entirely financed by the citizens of Ulm.

The Muenster was built to hold 20.000 people, more than the city had citizens at those times. In 1529 the construction would be continued and it was only finalised during the years from 1844–1890.

Le Münster

L'emblème d'Ulm qui fait toute la fierté de ses habitants est la Cathédrale gothique (Münster) avec le clocher le plus haut du monde (161,53m) qui se trouve dans le centre ville. La construction fut commencée en 1377 et c'est remarquable que ce furent les habitants eux-mêmes qui décidèrent et financèrent ce gigantesque projet.

On y planifia 20.000 places bien que la ville comptât bien moins d'habitants à l'époque.

C'est en 1529 que la construction fut reprise et ce n'est que dans les années 1844–1890 que les travaux furent achevés.

Das große Chorgestühl aus dem 15. Jahrhundert, mit den figürlichen Darstellungen aus der Werkstatt Jörg Syrlins d. Ä., gilt als das Schönste in Deutschland.

Wer im Münsterturm die 768 Stufen bis auf 141 Meter zur obersten Aussichtsplattform hinaufklettert, hat einen einzigartigen Rundblick über die Häuser und Gassen Ulms, die Umgebung und bei klarem Wetter sogar eine Fernsicht bis in die Alpen.

The grand choir originates from the 15th century. Due to the wooden sculptures carved by Joerg Syrlin the eldest it is believed to be the most beautiful choir of Germany.

If one climbs the 768 steps of the tower up to the view platform at a height of 141 metres, they will be rewarded with a unique circular view over the houses and narrow streets of Ulm, the area around and, if the weather is fine, one will get a glimpse of the Alps in the distance.

Les grandes stalles du chœur datent du 15e siècle. Les décorations figuratives furent réalisées dans l'atelier de Jörg Syrlins l'Ancien et elles sont considérées comme les plus belles d'Allemagne.

Celui qui grimpe les 768 marches du clocher de la Cathédrale jusqu'à la plus haute plateforme, qui se trouve à 141m d'hauteur, aura une vue extraordinaire sur la ville avec ses maisons et ruelles pittoresques et les alentours, une vue qui s'étend par temps clair jusqu'aux Alpes!

Der Münsterplatz

Der Münsterplatz steht nicht nur geografisch im Mittelpunkt des Ulmer Lebens. Hier findet der Wochenmarkt und im Dezember der stimmungsvolle Ulmer Weihnachtsmarkt statt. Im Sommer werden Feste gefeiert, finden Rock- und Popkonzerte statt. Das Münster bildet dazu eine einzigartige Hintergrundkulisse.

Seit 1992 steht der Löwenbrunnen an seinem jetzigen Standort, zentral auf dem Ulmer Münsterplatz. Erschaffen schon vor Beginn des 17. Jahrhunderts, präsentiert er auf einer Säule einen doppelten Löwen, der auf der einen Seite ein Schild mit Reichsadler und auf der anderen Seite das Ulmer Schild zeigt.

Das 1993 fertiggestellte Stadthaus auf dem Münsterplatz ist ein eindrucksvoller architektonischer Gegenpol zu dem spätgotischen Münster. Der Entwurf stammt vom New Yorker Star-Architekten Richard Meier. Es beherbergt u.a. einen Konzert- und Vortragssaal, sowie Ausstellungsräume, ein Café und die Touristeninformation.

Am südlichen Ende des Münsterplatzes vor dem Stadthaus steht eine Stehle, entworfen von Otl Aicher als Denkmal für die Widerstandsgruppe „Weiße Rose" und die Geschwister Scholl, die in Ulm lebten. Beide wurden 1943 von den Nationalsozialisten hingerichtet.

An der Stelle der Deutschen Bank stand das im Krieg zerstörte Haus, in dem die Familie Scholl 1939 bis 1944 gewohnt hatte.

The Muensterplatz

Geographically seen the "Muensterplatz" is located in the centre of Ulm's daily life. It provides space not only for the weekly market but also for the Christmas markets with their special atmosphere in December. During summer it is a location for festivals and pop and rock concerts. For this purpose, the Muenster offers an astonishing and unique background.

Since 1992 the "Loewenbrunnen" is situated in its contemporary location, the centre of the Muensterplatz. Built even before the 17th century it represents a double lion sitting on a column. On one side it holds a sign with the "Reichsadler" on the other side the city sign of Ulm.

The townhouse at the Muensterplatz, accomplished in 1993, stands impressively as an architectural contrast to the Muenster of late Gothic style. The plans were made by the New York celebrity architect Richard Meier. Among other, it contains a hall for concerts and presentations, rooms for expositions, a cafe and the tourist information.

In front of the townhouse at the southern end of the Muensterplatz there is a stele, designed by Otl Aicher as a monument for the resistance fighters of the "Weisse Rose" and the siblings Scholl who lived in Ulm. Both were executed by the Nazis in 1943.

Today the "Deutsche Bank" is located in the place of the house in which the family Scholl used to live from 1939–1944 and which was destroyed during the war.

La place de la Cathédrale

La place de la Cathédrale est non seulement le centre géographique d'Ulm, mais il est aussi le centre de la vie commune. Ici a lieu le marché, et au mois de décembre, le Marché de Noël d'Ulm plein d'atmosphère et d'émerveillement, et en été la Cathédrale s'y prête comme décor fantastique pour les fêtes et les foires.

Depuis 1992 le puits aux lions (Löwenbrunnen) se trouve au milieu de la Place de la Cathédrale d'Ulm (Münsterplatz). Cette oeuvre, datée avant le 17e siècle, qui représente un lion double sur une colonne, portant d'un côté un bouclier avec l'aigle impérial et de l'autre côté le bouclier de la ville d'Ulm.

La Maison de la Ville (Stadthaus) fut terminée en 1993. La construction postmoderne forme un pôle opposé impressionnant à la Cathédrale flamboyante. Cette Maison de la Ville a été conçue par l'architecte réputé Richard Meier (New York). Elle abrite un centre culturel avec une salle de concerts, des salles d'expositions, un café et l'information de tourisme.

Du côté sud de la place de la Cathédrale, juste devant la Maison de la Ville, fut posé un stèle pour le groupe «Weiße Rose», un groupe de résistants allemands au nazisme. Hans et Sophie Scholl, qui étaient frère et soeur et vivent à Ulm. Ils faisaient parti du groupe et c'est pourquoi les national-socialistes les exécutèrent tout les deux en 1943.

Là où se trouve aujourd'hui la Deutsche Bank (Banque Allemande) s'y trouvait autrefois la maison dans laquelle la famille Scholl habita de 1939 à 1944 et qui fut détruite pendant la guerre.

Die Hirschstraße

Die Hirschstraße ist Ulms Einkaufsmeile. Zusammen mit den direkt anschließenden Gassen bildet sie eine große, zusammenhängende Fußgängerzone mit vielen Kaufhäusern, Geschäften und Cafés mit regem Leben und Treiben.

The Hirschstrasse

The "Hirschstrasse" is the shopping mall of Ulm. Together with the adjacent narrow streets it forms a vast and coherent pedestrian zone with many department stores, shops and cafes in the centre of lively action.

La Hirschstrasse

La Hirschstrasse est la principale rue commerçante d'Ulm. Avec les ruelles des alentours elle forme une grande zone piétonne animée, interdite aux voitures, avec beaucoup de magasins, de centres commerciaux et de nombreux cafés.

Das Geburtshaus Albert Einsteins

Am 14. 03. 1879 kam in Ulm der berühmte Physiker und Nobelpreisträger Albert Einstein zur Welt. Zu seinen Ehren wurde von Max Bill, Mitbegründer der Hochschule für Gestaltung, ein Denkmal an der Bahnhofstraße 20, der Stelle von Einsteins Geburtshaus, errichtet.

Einstein beschrieb das Verhältnis zu seiner Heimatstadt folgendermaßen:

„Die Stadt der Geburt hängt dem Leben als etwas ebenso Einzigartiges an, wie die Herkunft von der leiblichen Mutter. Auch der Geburtsstadt verdanken wir einen Teil unseres Wesens. So gedenke ich Ulms in Dankbarkeit, da es edle künstlerische Tradition mit schlichter und gesunder Wesensart verbindet."

Albert Einstein's birthplace

Albert Einstein, famous physician and Nobel-prize winner was born on March 14th 1879 in the city of Ulm. To his honour, Max Bill, co-founder of the university of design, erected a monument at No 20, Bahnhofstrasse, the place of Einstein's house of birth.

Einstein described his relationship to his home town as follows:

"The city one is born in is attached to one's life as something as unique as the birth giving of one's lively mum. It is also to the city of birth that we owe a part of our personality to. This is why I think of Ulm in gratefulness as it combines artistic tradition with a simple and healthy life style."

La maison natale d'Albert Einstein

Le 14 mars 1879 le célèbre physicien et prix Nobel Albert Einstein vit le jour à Ulm. C'est à son honneur que Max Bill, un des fondateurs de l'Ecole Supérieure du Design (Hochschule für Gestaltung), créa un monument à la «Bahnhofstraße 20» sur les lieux de la maison natale d'Einstein.

Einstein lui-même décrit sa relation avec sa ville natale ainsi: «Autant que la vie d'un homme est marqué par sa mère, autant elle l'est par la ville où il a vue le jour. A notre ville natale nous devons une part de notre nature. C'est pourquoi je me souviens d'Ulm avec gratitude, car cette ville réunie une tradition noble et artistique avec une façon de vivre simple et saine.»

Der Neue Bau

Der wuchtige „Neue Bau" am Ufer der Blau in unmittelbarer Nähe des Münsterplatzes entstand zwischen 1585–1593.

Er wurde im Laufe seiner Geschichte unterschiedlich genutzt, beispielsweise als Lagerhaus für Korn, Wein und Salz oder auch als Versammlungsort. Heute dient er als Dienstgebäude der Ulmer Polizei. Während der Innenhof im Stil der Ulmer Spätrenaissance gestaltet ist, prägt Backstein das äußere Erscheinungsbild.

The Neue Bau

The massive "Neue Bau" was built between 1585 and 1593 on the riverbanks of the Blau very close to the Muensterplatz.

In the past it served in many different ways, for example as a storage building for wheat, wine or salt or even as an assembly location. Nowadays it is the police headquarter of Ulm. While the courtyard is built in the style of the late Renaissance, the exterior walls are made of bricks.

Le Neue Bau

La construction massive du «Neue Bau» est située sur la rive de la «Blau» tout près de la Place de la Cathédrale et fut construite entre 1585–1593. Il servit par exemple comme entrepôt où étaient stockés du blé, du vin et du sel, ou encore il fut utilisé comme salle de conseil. Aujourd'hui le «Neue Bau» sert comme siège de la Police d'Ulm. La cour intérieure est décorée au style de la Renaissance, tandis que la brique marque l'apparence de l'extérieure.

Der Hildegard-Brunnen

Etwas versteckt im Innenhof des „Neuen Baus" befindet sich der Hildegardbrunnen. Die von der Kirche selig gesprochene Kaiserin Hildegard stammte aus einem schwäbischen Herzogshaus und brachte bei ihrer Heirat mit Karl d. Gr. im Jahr 771 das Gebiet um Ulm mit in die Ehe. Gut 800 Jahre später, um 1591, schuf der Steinmetzmeister Claus Bauhofer diesen Brunnen.

The Hildegardbrunnen

Hidden in the interior courtyard of the "Neue Bau" you will find the "Hildegardbrunnen". The empress Hildegard, called out sacred by the church, was born in a family of dukes of Swabians and brought the area around Ulm into her marriage with Charlemagne in 771. About 800 years later around 1591 the master stonemason Claus Bauhofer built this fountain.

La Fontaine d'Hildegard

Un peu cachée dans la cour intérieure se trouve la Fontaine d'Hildegard. L'impératrice Hildegard, qui fut reconnue Sainte par l'Eglise, était issue d'une famille de ducs souabes et lors de son mariage avec Charlemagne en 771 elle apporta à son royaume le terroir d'Ulm. Plus de 800 ans plus tard, vers 1591, le tailleur de pierre Claus Bauhofer créa cette fontaine.

Die Valentinskapelle

Die Valentinskapelle südlich vom Münsterchor wurde 1458 von der Patrizierfamilie Rembold als Grabkapelle gestiftet. Im Dreißigjährigen Krieg diente die Kapelle als Schmalzlager, was ihr den Namen „Schmalzhäusle" einbrachte.

Valentine's Chapel

Valentine's Chapel, located south of the Muenster choir was donated in 1458 by the patrician family Rembold as a funerary chapel. During the Thirty Year's War the chapel served as a stock building for lard which gave it the name of chapel of lard.

La Chapelle de Valentin

En 1458 la famille patricien Rembold fit don de la chapelle de Valentin qui est située au sud du chœur de la Cathédrale. Pendant la guerre de trente ans la Chapelle servit d'entrepôt de saindoux. C'est la raison pour laquelle elle est nommé «Schmalzhäusle» (petite maison de saindoux).

Der Delfinbrunnen

Der kunstvolle Delfinbrunnen von 1585, südlich hinter dem Münster gelegen, ist mit seinen zahlreichen überkreuzenden Wasserstrahlen und den acht bronzenen Delfinen einer der attraktivsten Ulmer Brunnen.

The Delfinbrunnen

The artistic "Delfinbrunnen" from 1585 is situated south of the Muenster. It is one of the most attractive fountains of Ulm because of its various crossing rays of water and eight dolphins made in bronze.

La Fontaine aux Dauphins

La Fontaine aux Dauphins est une des plus belles fontaines d'Ulm. Datant de 1585 elle se fait remarquer par ses jets nombreux qui se croisent et ses huit dauphins en bronze. Elle se trouve derrière la Cathédrale vers le sud.

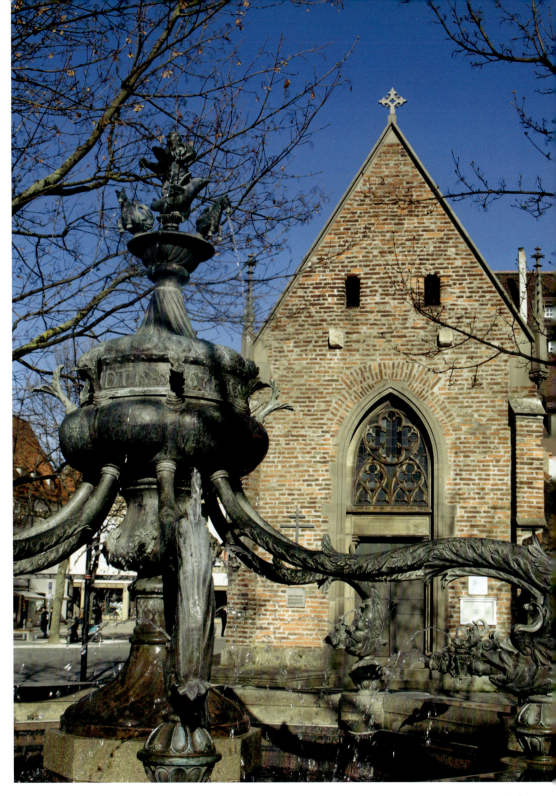

Der Georgsbrunnen

Der Georgsbrunnen am südlichen Münsterplatz stellt eine Szene dar, in der der Heilige Georg einem Lindwurm seine Lanze in den Rachen bohrt. Bis zur Reformation stand an dem Platz die St. Georgs-Kapelle.

The Georgsbrunnen

The "Georgsbrunnen" at the south end of the Muensterplatz illustrates a scene in which Saint George speared a lance trough the throat of a dragon. Until the Reformation, St. George's Chapel was located in this place.

La Fontaine de St. George

La Fontaine de St. George sur la place de la Cathédrale, représente Saint George perçant sa lance dans la gorge d'un dragon. A l'origine se trouvait sur ces lieux la chapelle St. George qui fut détruite lors de la Réforme.

Der Büchsenstadel

Der Büchsenstadel von 1485 verrät seine ursprüngliche Nutzung durch eingemauerte steinerne Kanonenkugeln an der Giebelseite. Ursprünglich war er als Fachwerkhaus entstanden, dem dann ein mächtiger spätgotischer Backsteingiebel vorgebaut wurde.

The Buechsenstadel

The "Buechsenstadel" of 1485 tells its original purpose by bricked rock cannon balls incorporated into its frontside wall. Primarily built like a half-timbered house, there was a massive brick gable of late Gothic style added to it later.

Le Büchsenstadel

Le Büchsenstadel (maison aux canons) de 1485 doit son nom à des imposants boules de canons en brique intégré dans la façade. D'origine il s'agissait d'une maison à colombage à laquelle fut intégrée un imposant pignon flamboyant en brique.

Das Kornhaus

Das repräsentative Kornhaus stammt aus dem Jahre 1594. Der ursprünglich als Lagerhaus für Getreide errichtete Bau zeigt die wesentlichen Merkmale der Ulmer Renaissance: Hell-Dunkel-Kontrast der Fassade mit Sgraffito-Verzierungen und die Wellenrandzier der Giebelränder. Heute wird es als Tagungs- und Konzertort genutzt.

The Kornhaus

This representative storehouse was built in 1594. Originally it was a storehouse for wheat and shows the main features of the Renaissance typical for Ulm such as contrasting lights on the face of the building decorated with Sgraffito-ornaments and the old time zig-zag ornaments of the gable edges. It is contemporarily used as a conference centre and concert hall.

Le Kornhaus

Le Kornhaus, un ancien entrepôt de céréales fut construit en 1594. Il fait découvrir les caractéristiques de la Renaissance d'Ulm: les contrastes sombres et clairs de la façade ornée de riches sgraffites ainsi que les décorations sur les bords du pignon.

Der Judenhof

Idyllisch gelegen ist der Judenhof östlich hinter dem Münster. Hier befand sich einst die erste Synagoge Ulms. Mit seinem Baumbestand und dem Neptun-Brunnen, einer Rückbesinnung auf die Antike zur Zeit der Renaissance, ist er einer der beschaulichen kleinen Plätze mit Cafés und Läden, an denen die Stadt so reich ist.

The Judenhof

Situated in an idyllic area at the east side behind the Muenster this was also the place of Ulm's first synagogue. And the "Neptun-Brunnen", a reminder of the ancient times of the Renaissance, turns it into one of the small tranquil places with cafes and shops the city has got loads of.

Le Judenhof

Le Judenhof (la cour des juifs) se situe dans un endroit idyllique à l'est de la Cathédrale. Jadis se trouvait ici le lieu de la première Synagogue d'Ulm. Aujourd'hui c'est une des petites places pittoresques qui sont caractéristiques pour Ulm. Autour la place avec ses arbres et la fontaine de Neptune s'y trouvent de multiples cafés et boutiques.

Rund um das Münster

Rund um das Münster laden viele kleine Gassen mit den liebevoll restaurierten Häusern zum Bummeln und Entdecken ein.

Around the Muenster

Winding around the Muenster, a lot of narrow streets and their carefully restored buildings invite to take a discovery stroll.

Autour de la Cathédrale

Autour de la Cathédrale les petites ruelles du vieux quartier, avec ses bâtiments historiques restaurés avec grand soin et amour, invitent à flâner et à découvrir les magasins et boutiques.

Der Wochenmarkt

Auf dem Münsterplatz vor dem Stadthaus findet ganzjährig mittwochs und samstags der Ulmer Wochenmarkt mit seinem besonderen Flair statt. Hier trifft man sich, hält ein Schwätzchen und erfreut sich am vielseitigen Angebot wie frischen Lebensmitteln, Delikatessen, Obst, Wurst und Gemüse.

The farmer's market

All year around the farmer's market is hold on the Muensterplatz on Wednesdays and Saturdays which then re-emerges with a special flair. It is the place to meet for a chat and enjoy the variety of foods, delicacies, fruit, sausages and vegetable.

Le Marché

Tout les mercredis et samedis de l'année le Marché d'Ulm avec son atmosphère méridionale a lieu sur la Place de la Cathédrale. On s'y rencontre, on y discute et on s'y réjouit du choix divers de fruits et légumes, des délicatesses, comme les saucisses bavaroises.

Wer nach einem ausgedehnten Shoppingbummel glücklich aber erschöpft ist, sollte in einem der vielen Cafés und Bistros entspannen. Das Angebot reicht vom klassischen Kaffeehaus mit vielen Sorten Kaffee und leckerem Kuchen bis hin zum modernen Bistro mit kleinen Speisen und erfrischenden Getränken.

Anyone who feels happy but tired after a long shopping expedition might choose to unwind in one of the many cafes and bistros. There is a wide range of options from a classic coffee house that offers various coffees and delicious cakes to modern bistros with small lunches and refreshing drinks.

Celui qui veut se reposer après avoir fait les magasins devrait s'asseoir dans un des divers cafés et bistros. Il aura le choix entre un Café allemand traditionnel avec ses différentes sortes de café et de gâteaux délicieux ou un bistro moderne avec de petits repas et des boissons rafraîchissantes.

Das Rathaus

Am südlich vom Münster gelegenen Marktplatz steht das stattliche Ulmer Rathaus, eines der Schönsten in ganz Süddeutschland. Es wurde 1370 als Kaufhaus erbaut und wird seit 1419 als Rathaus genutzt. Besonders auffällig sind die Fassaden mit den prächtigen Wandmalereien sowie die in gotischer Architektur gerahmten Doppelfenster.

L'Hôtel de ville

Au sud de la Cathédrale se trouve la Place du Marché avec son majestueux Hôtel de ville qui compte parmi les plus beau d'Allemagne du Sud. Construit en 1370 comme magasin il sert d'Hôtel de Ville depuis 1419. Les façades avec leurs splendides peintures murales et ornements figuratifs sont spécialement remarquables.

The City Hall

The impressive City Hall, at the market place south of the Muenster, is one of the most beautiful ones all over southern Germany. It was built in 1370 as a department store and has been be used as the City Hall since 1419. The resplendent wall paintings on the faces of the building and the double windows with their frames of Gothic architecture are an eye-catcher.

Die astronomische Uhr am Ostgiebel des Ulmer Rathauses ist ein Meisterwerk der mittelalterlichen Uhrmacherkunst, das ein Straßburger Uhrmachermeister 1581 schuf.

The astronomic clock at the eastern gable of Ulm's City Hall is a masterpiece of the medieval art of horology. In 1581 it was designed by a horologist from Strasbourg.

Sur le pignon se trouve l'horloge astronomique – un chef- d'œuvre de l'horlogerie moyenâgeuse, qu'un horloger issu de Strasbourg créa en 1581.

Die Zentralbibliothek

In direkter Nachbarschaft und als architektonischer Kontrast zum historischen Ulmer Rathaus und Ulmer Münster steht die Zentralbibliothek. Nach dreijähriger Bauzeit wurde sie 2004 offiziell ihrer Bestimmung übergeben. Auf einer Grundfläche von 28 x 28 Metern wurde ein pyramidenartiger Bau errichtet mit einer Gesamthöhe von über 36 Metern und einer Oberfläche von etwa 5000 Quadratmetern Glas.

The Central Library

The Central Library is located in immediate vicinity of and in architectural contrast to Ulm's historic Muenster and City Hall. It took three years of construction until its 2004 final inauguration. The Central Library is a pyramidal building with a total height of over 36 metres and a surface area of approximately 5000 square metres of glass which was erected on a ground surface area of 28 x 28 square metres.

La Bibliothèque municipale

A quelque pas de l'Hôtel de Ville historique fut récemment construite une Bibliothèque municipale toute moderne – un contraste architectural bien réussi. Après trois ans de construction elle fut 2004 officiellement inaugurée. Sur une superficie de 28 x 28 m furent érigé un bâtiment en forme de pyramide en verre avec une altitude de 36 m et une superficie de 5000 mètres carrés.

Der Syrlin-Brunnen

Zu den Wahrzeichen der Ulmer Innenstadt gehören ihre Brunnen, einst „Röhrenkästen" genannt. Südlich des Rathauses, im Zentrum des Rathausplatzes, steht der älteste erhaltene Brunnen der Stadt aus dem Jahre 1482, der Syrlin-Brunnen, nach dem Erbauer Jörg Syrlin d. Ä. benannt. Bei den Ulmern ist der Brunnen allerdings besser bekannt als „Fischkasten-Brunnen". Der Name rührt daher, dass die ursprüngliche Nutzung bei den Ulmer Fischern lag. Hier boten sie nämlich ihre Fangware lebend an.

The Syrlin-Brunnen

Ulm's particular landmarks are its fountains, once called "tube boxes". South of the City Hall in the centre of the place there is the oldest preserved fountain which was built in 1482: The "Syrlin-Brunnen" was named after its builder Joerg Syrlin the eldest. Among Ulm's citizens it is more popular under the name of "fish box fountain". The name results of the fact that it was originally used by Ulm's fishermen. This was the place where they offered their fresh and alive catch of the day.

La Fontaine Syrlin

Les fontaines dans le centre d'Ulm sont typiques pour cette belle ville. Au sud de l'Hôtel de ville, au centre de la place se dresse la plus ancienne des fontaines. La fontaine de Syrlin date de l'année 1482 et fut construite par Jörg Syrlin l'Ancien. Par contre les habitants d'Ulm la connaissent mieux sous le nom de «Fischkasten-Brunnen» (fontaine aux poissons), car les pécheurs y vendaient autrefois leurs poissons vivants.

Der Rathausplatz

Auf dem Rathausplatz herrscht vor allem im Sommer ein buntes Treiben.

The Rathausplatz

The square in front of the City Hall is extremely busy mostly during the summer months.

La place de l'Hôtel de Ville

Surtout en été la place de l'Hôtel de Ville est bien animée.

Zwischen dem Ulmer Münster und der Donau, wo früher die Stadtautobahn verlief, wurde unter dem Motto „Mittelalter trifft Moderne" ein neues architektonisches Ensemble, die „Neue Mitte" geschaffen. Hierbei wurden bewusst Akzente im Stadtbild gesetzt, ohne den historischen Charakter in den Hintergrund zu stellen.

According to the motto "Medieval Age meets Modern Age" a new architectural ensemble named "Neue Mitte" was created between Ulm's Muenster and the Danube where the city bypass used to be. Those purposely placed accents do however not eclipse the historical features.

Entre la Cathédrale d'Ulm et le Danube, où jadis roulait le trafic on projeta un nouveau ensemble architectonique la «Neue Mitte» qui fut conçue sous la devise «L'architecture moderne dans l'entourage historique».

Ainsi au centre d'Ulm se mêlent depuis peu des bâtiments modernes à des monuments historiques sans que la ville perde son ancien caractère de ville impériale.

Die Kunsthalle Weishaupt

Die 2007 eröffnete Kunsthalle Weishaupt ist ein wichtiger Baustein der Kulturmeile der Ulmer Innenstadt. Der Unternehmer und Mäzen Siegfried Weishaupt baute in der Neuen Mitte eine Kunsthalle für seine private Kunstsammlung mit 400 modernen Gemälden und Plastiken namhafter Künstler des 20. Jahrhunderts. Durch einen verglasten Übergang ist die Kunsthalle mit dem Ulmer Museum verbunden.

The Kunsthalle Weishaupt

The "Kunsthalle", inaugurated in 2007, is an important part of the "Kulturmeile" of Ulm's city centre. In the centre of the "Neue Mitte" the entrepreneur and patron Siegfried Weishaupt built the "Kunsthalle" for his own private art collection with 400 modern paintings and sculptures of considerable artists of the 20th century. The "Kunsthalle" is connected to the museum of Ulm through a glazed footbridge.

Le Musée d'art Weishaupt

Le Musée d'art Weishaupt qui ouvra ses portes en novembre 2007 est un élément important de la vie culturelle d'Ulm. Siegfried Weishaupt, entrepreneur et collectionneur, fit construire ce musée dans la «Neuen Mitte» pour sa collection privée qui compte 400 peintures et plastiques d'artistes réputés du 20e siècle. Par un passage vitré les visiteurs de ce musée peuvent également joindre le Musée d'Ulm.

Die Neue Mitte

Vom Münsterplatz kommend, ist das erste Gebäude der „Neuen Mitte" das vom bekannten deutschen Architekten Stephan Braunfels entworfene „Münstertor", das durch die klare, keilförmige Form, samtig grauen Sichtbeton und Glas auffällt. Im Innern befinden sich mehrere Geschäfte und von der Dachterrasse hat man eine beeindruckende Aussicht auf das Ulmer Münster.

Das zweite Gebäude, der sogenannten „Neuen Mitte", wird von der Ulmer Sparkasse genutzt. Es ist eine Komposition zweier schlanker Bauteile, die sich in ihren Ausmaßen an der umgebenden Bebauung orientieren.

The Neue Mitte

Directing oneself away from the "Muensterplatz", the first building of the "Neue Mitte" is the "Muenstertor" designed by the well-known German architect Stephan Braunfels. It stands out in its simple and tapered shape and its face made of grey, velvety concrete and glass. On the inside, there are several shops and the view from the roof-deck toward the "Ulmer Muenster" is impressive.

The second building of the so called "Neue Mitte" is used by the Ulmer Sparkasse. It is an architectural composition of two slim parts that fit into the measurements of the surrounding buildings.

La Neue Mitte

En venant de la place de la Cathédrale on rencontre le premier bâtiment de la «Neue Mitte» (centre nouveau) le «Münstertor» (Porte de la Cathédrale), un projet du fameux architecte allemand Stephan Braunfels. Il s'agit d'une construction en béton et verre qui abrite de grands magasins. De la terrasse on a une vue impressionnante sur la Cathédrale.

Le deuxième bâtiment de la «Neue Mitte» (centre nouveau) sert à la Caisse d'Epargne. C'est une composition en deux parties qui s'adapte bien à son entourage, car il respecte les dimensions des autres bâtiments.

Der Teichmann-Brunnen

Der Teichmann-Brunnen in der „Neuen Mitte" gegenüber des Kaufhauses „Münstertor" wurde 1910 gebaut und ist nach einem Ulmer Rechtsanwalt benannt.

The Teichmann-Brunnen

The "Teichmann-Brunnen" inside the "Neue Mitte" opposite the department store "Muenstertor" was built in 1910 and is named after a well-known solicitor from Ulm.

La Fontaine de Teichmann

La Fontaine de Teichmann en face du magasin «Münstertor» fit construite en 1910. C'est un avocat d'Ulm qui lui prêta son nom.

Das Parkhaus am Rathaus

Das „Parkhaus am Rathaus" mit knapp 600 Stellplätzen wird von vielen Besuchern und Nutzern als das schönste Parkhaus Deutschlands bezeichnet, findet man hier doch die Zeugnisse, wie die Überreste des Kellergeschosses eines Patrizierhauses aus der Stauferzeit, die bei den Grabungsarbeiten zutage kamen.

The car park "Am Rathaus"

The car park "Am Parkhaus" comprises about 600 parking spaces and is considered to be the prettiest car park of Germany by many visitors and users. There is visible evidence of history in the dug out remainders of the cave of a patrician house from the times of the Staufen dynasty which were found during the construction.

Le garage «Am Rathaus»

Le garage souterrain vaut la peine d'être visité car il est probablement le plus beau parking d'Allemagne. On y trouve encore les témoignages historiques tels que les fondements d'une cave d'une maison patriciene de la dynastie Staufen qu'on découvrit lors des travaux.

Die Stadtmauer

Besonders malerisch ist der Anblick der Stadt mit ihren architektonischen Meisterwerken verschiedener Epochen während eines Spaziergangs auf der Stadtmauer. Im „reissenden Wasser der Donau" wurde sie 1482 als Bollwerk gegen feindliche Armeen errichtet und ist heute ein beliebter Promenadenweg, der entlang der Donau von der Bastion Lauseck bis hin zur Friedrichsau führt.

The city wall

Taking a stroll on the city wall offers a picturesque view onto the city and its architectural master pieces of different eras. The city wall was built in 1482 in the torrential waters of the Danube as a stronghold against the armies of enemies and is nowadays a popular walkway that leads from the bastion Lauseck along the Danube to the Friedrichsau.

Mur d'enceinte de la ville

La vue sur la ville est spécialement pittoresque lors d'une promenade sur l'enceinte. On y jouit de la beauté et diversité des chef-d'œuvres architecturales de la ville provenant de différentes époques. Le mur fut dressé en 1482 «dans les eaux tumultueuses du Danube» comme digue contre les armées hostiles. Aujourd'hui c'est un chemin de promenade qui longe le Danube et mène de la Bastion Lauseck jusqu'au Friedrichsau.

Der Metzgerturm

Nicht nur in Pisa gibt es einen schiefen Turm: der Metzgerturm, 1349 am Donauufer als ein Teil der mittelalterlichen Stadtmauer erbaut, hat eine Neigung von 2,05 m, was an dem sumpfigen Untergrund liegt.

Früher wurde er als Gefängnis genutzt. Einer Anekdote nach verdankt der Turm seinen Namen den Ulmer Metzgern, die zum Strecken der Wurst Sägespäne verwendeten. Als die Bürger ihnen auf die Schliche kamen, sperrten sie sie in diesen Turm. Beim Eintreten des zornigen Bürgermeisters drängten sie sich aus Angst vor seinem Urteil in einer Ecke zusammen – der Turm neigte sich.

The Metzgerturm

Not only Pisa has an inclined tower: The "Metzgerturm", built in 1349 on the riverbanks of the Danube as a part of the medieval city wall, has an incline of 2.05 metres which is due to its swampy surrounding ground.

Formerly it was used as a prison. It owes its name to an anecdote of Ulm's butchers who used saw dust to adulterate the sausages. As soon as the citizens saw through the game they locked the butchers into this tower. As the furious mayor entered the tower, all of them gathered in fear on one side – so the tower inclined.

Le Metzgerturm

Non seulement Pisa a sa tour penchée. Le Metzgerturm d'Ulm fut élevé en 1349 sur la rive du Danube comme partie de l'enceinte médiéval et il possède d'une inclinaison de 2,05m. Ceci est dû au sol marécageux. Autrefois il servit de prison. Le nom «Metzgerturm» (tour des bouchers) se doit à une petite légende: les bouchers d'Ulm utilisaient de la sciure pour fabriquer leurs saucisses. Les citoyens découvrirent la fraude et ils emprisonnèrent les bouchers dans la tour. Quant le maire entra en colère ils eurent peur et essayèrent tous de se cacher l'un derrière l'autre dans un coin – la tour pencha.

Die Adlerbastei

Die etwas unscheinbare Adlerbastei zwischen dem Metzgerturm und der Friedrichsau hat eine geschichtsträchtige Bedeutung: Am 31.05.1811 versucht Albrecht Berblinger, „Der Schneider von Ulm", erstmals mit seinem selbst konstruierten Flugapparat von der Adlerbastei aus über die Donau zu fliegen.

Es misslingt, da über der kalten Donau die Thermik fehlt und er landet im Wasser.

Eine Tafel an der historischen Absprungstelle erinnert an den Ulmer Flugpionier. Im Innenhof des Ulmer Rathauses kann ein Nachbau des „Flugzeugs" besichtigt werden.

The Adlerbastei

The slightly inconspicuous "Adlerbastei" between the "Metzgerturm" and the "Friedrichsau" is of historical importance: On May 31st, 1811 Albrecht Berblinger, Ulm's famous tailor, tried to fly across the Danube with his self-made flying device for the first time.

He failed due to the lack of thermal lift above the Danube and he landed in the water.

A plate at the take-off place reminds of Ulm's aeronautical pioneer. The replica of the "airplane" can be visited at the courtyard of the city hall.

La Adlerbastei (Bastion de l'aigle)

Le Bastion de l'aigle ne se fait pas beaucoup remarquer. Pourtant il joue un rôle historique prépondérant: c'est ici que le 31 mai 1811 Albrecht Berblinger, le «Tailleur d'Ulm», fit sa première tentative de vol au-dessus du Danube avec son appareil à voler qu'il avait construit. Malheureusement ce fut un échec, car au dessus des eaux froides du Danube le vent thermique manquait et Berblinger tomba dans l'eau.

Une plaquette marque la place historique du saut et dans la cour intérieure de l'Hôtel de ville d'Ulm une reproduction de «l'avion» peut être admirée.

Der Rosengarten

Eine Oase zum Verweilen und Entspannen ist der Rosengarten am Donauufer. 1970 wurde der damalige Elendgarten an der Stadtmauer unterhalb der Herdbrücke zu einem reizvollen Rosengarten umgebaut.

The Rosengarten

The "Rosengarten" is a recreational oasis at the riverbanks of the Danube. In 1970 the former "Elendgarten" located at the city wall underneath Herd's bridge was transformed into a charming rose garden.

Le jardin des roses

Pour passer un moment de détente le jardin des roses (Rosengarten) s'y prête à merveille. Ce jardin plein d'attrait fut planté en 1970 à la place de l'ancien jardin «Elendgarten».

Die Donau

Die Donau ist nach der Wolga der längste Strom Europas, entspringt im Schwarzwald und mündet schließlich in das Schwarze Meer. Sie fungiert übrigens für einige Kilometer als natürliche Landesgrenze zwischen Baden-Württemberg (Ulm) und Bayern (Neu-Ulm).

Schon immer wurde die Donau als Wasserweg genutzt. Bis ins 18. Jahrhundert wurden Waren und Personen von den Schiffleuten auf flachen, traditionsreichen Holzbooten, sogenannten „Zillen" oder „Ulmer Schachteln" über die Donau transportiert.

Im Fischer- und Gerberviertel haben sich früher Handwerkszünfte wie Fischer, Schiffleute, Müller, Gerber, Garn- und Seifensieder angesiedelt, um die Wasserkraft der Blau-Arme für sich zu nutzen. Später kamen auch etliche Wirtshäuser dazu.

The Danube

The Danube is the second longest stream in Europe after the Wolga. It has its source in the Black Forest and flows into the Black Sea. Along several kilometres it is actually the natural frontier between Baden-Wuerttemberg (Ulm) and Bavaria (Neu-Ulm).

The Danube has always been used as a waterway. Until the 18th century goods were shipped and public transport was practiced through skippers who used traditional flat wooden boats, the so called "Zillen" or "Ulmer Schachteln".

In former times the guilds of the fishermen, mariners, millers, tanners, string maker and soap boiler settled in the fishermen's and tanners' districts to use the water power of the arms of the Blau.

Later, quite a few taverns were built as well in this area.

Le Danube

Le Danube est un des fleuves les plus longs d'Europe. Il prend sa source dans la Forêt-Noire et se jette à la fin dans la mer Noire. Par ailleurs elle marque pour quelques kilomètres la frontière entre le Bade-Wurtemberg (où se trouve la ville d'Ulm) et la Bavière (où se trouve la ville de Neu-Ulm).

Depuis toujours le Danube servait de chemin de transport. Jusqu'au 18e siècle les marchandises et les voyageurs furent transportés sur des petits bateaux traditionnels en bois qu'on appela «Zillen» ou «Ulmer Schachteln» (les boites d'Ulm).

Au quartier moyenâgeux des pêcheurs et des tanneurs, les corps de métiers, comme les pêcheurs, les bateliers, les menuisiers, les tanneurs, les fabricants de fil et de savon, s'y étaient installés pour utiliser la force de l'eau du fleuve Blau. Plus tard plusieurs auberges y ouvrirent également leurs portes.

Das Schiefe Haus

Das „Schiefe Haus", aus dem 14. Jahrhundert, mit seinem alten Fachwerk und dem Ziegeldach ist das malerischste Haus im Fischerviertel an der Blau. 1620 waren umfangreiche Arbeiten notwendig, um die namensgebende Schräglage abzufangen. Seit der Restaurierung 1995 wird es als Hotel genutzt.

The Schiefe Haus

The "Schiefe Haus" built in the 14th century with its ancient timber-frame construction and its tiled roof is the most picturesque house in the fishermen's district down by the Blau. In 1620 extensive work had to be done to prop up its inclined position. Since the restoration in 1995 it is used as a hotel.

La Maison Penchée

La «Schiefe Haus» du 14e siècle est la maison la plus pittoresque du quartier des pêcheurs et des tanneurs qui longe le fleuve de la Blau. Elle se fait remarquer par sa belle construction en colombage et son joli toit de tuiles. En 1620 de travaux considérables furent nécessaires pour que la maison, qui se penche de plus en plus, ne s'écroule point. Depuis 1995 elle sert d'hôtel.

Die Alte Münz

Gegenüber dem Schiefen Haus, liegt die „Alte Münz", die bis 1624 als Ulmer Münzstätte diente. Aus dieser Zeit rührt wahrscheinlich auch der Spruch: „Venediger Macht, Augsburger Pracht, Straßburger Gschütz, Nürnberger Witz und Ulmer Geld regiert die Welt".

Heute lädt in der Alten Münz ein Café zum Verweilen ein.

The Alte Muenz

The "Alte Muenz" which was used as Ulm's mint until 1624 is located opposite of the "Schiefe Haus".

There is a saying that probably originates from these times: "Venediger Macht, Augsburger Pracht, Strassburger Geschuetz, Nuernberger Witz und Ulmer Geld regiert die Welt": The power of Venice, the splendour of Augsburg, the weapons of Strassburg, the humour of Nuremberg and the money of Ulm, they all rule the world. Nowadays the "Alte Muenz" is a cafe that invites to take a rest.

La Alte Münz

Juste en face de la Maison Penchée se trouve la maison «Alte Münz» où on frappait la monnaie jusqu'en 1624. Un proverbe allemand en rend probablement témoignage: «Le pouvoir de Venise, la splendeur d'Augsbourg, les canons de Strasbourg, l'esprit de Nürnberg et l'argent d'Ulm gouvernent le monde.» Aujourd'hui c'est un café charmant qui vous invite à vous détendre et à dépenser votre argent.

Die Staufenmauer

Um 1140 begannen die Staufer mit dem Aufbau und der Befestigung der Ulmer Königspfalz. Anfang des 13. Jahrhunderts wurde dann die Pfalzbefestigung durch eine Buckelquadermauer ersetzt. Ein Rest davon befindet sich noch immer vis-à-vis des „Schiefen Hauses".

The Staufenmauer

Around 1140 the dynasty of Staufen started the construction and fortification of Ulm's "Koenigspfalz". In the beginning of the 13th century the fortification of the Pfalz was replaced by a wall of ashlar masonry. A remnant of this is still visible opposite of the "Schiefes Haus".

Le mur Staufen

Vers 1140 les Staufer commencèrent la construction et la fortification du Palais Royal d'Ulm. Au début du 13e siècle la fortification ancienne fut remplacée par une enceinte fortifiée en grandes pierres. Vis-à-vis de la Maison Penchée on en trouve encore quelques restes.

Das Schwörhaus

Das Schwörhaus wurde 1612/1613 erbaut und beherbergt das „Haus der Stadtgeschichte" und das Ulmer Stadtarchiv. Vom Balkon aus verliest der Oberbürgermeister jährlich am „Schwörmontag" den „Großen Schwörbrief" von 1397, das „Grundgesetz" der Stadt und erneuert den Eid auf die Stadtverfassung.

The Schwoerhaus

The "Schwoerhaus" was built in 1612/1613 and nowadays serves as Ulm's city archive. Every year on "Swearing Monday" (Schwoermontag) the mayor reads out the "Swearing Letter" (Grosser Schwoerbrief) from 1397, the basic law of the city, and renews the constitutional oath from the balcony.

Le Schwörhaus

Le Schwörhaus (Maison du Serment) fut érigé en 1612/1613 et sert aujourd'hui comme Musée de l'histoire de la ville (Haus der Stadtgeschichte) et aux archives de la ville d'Ulm.

Selon la tradition le maire d'Ulm y prête chaque année au «Lundi du Sermon» le grand sermon datant de 1397. Il rappelle aux citoyens le droit de la cité et renouvelle son sermon sur la constitution de la ville.

Der Christofsbrunnen

Auf dem Vorplatz des Ulmer Schwörhauses steht der Christofsbrunnen mit einer spätgotischen Christopherusfigur von Jörg Syrlin d. Ä. aus dem Jahre 1584.

The Christofsbrunnen

The "Christofsbrunnen" with its late Gothic sculpture of Christophorus designed by Joerg Syrlin the eldest in 1584 is located on the forecourt of the "Schwoerhaus".

La fontaine du St. Christophe

Sur l'esplanade de La Maison du Serment se trouve la fontaine St. Christophe avec sa statue datant de 1584 crée par Jörg Syrlin l'Ancien.

Das Fischerplätzle

Am idyllischen Fischerplätzle steht gegenüber dem „Zunfthaus der Schiffleute" das sogenannte „Schöne Haus". Hausbesitzer waren früher Meister der Schifferzunft. Das Gemälde an der Hauswand zeigt die Stadt Belgrad und erinnert an die Truppentransporte der Ulmer Schiffleute zur Zeit der Türkenkriege zwischen 1664–1718.

The Fischerplaetzle

At the idyllic "Fischerplaetzle", opposite of the guild house of the fishermen, there is the so called "Schoene Haus". The masters of the mariner's guild were the former owners of this house. The painting on the house wall shows the city of Belgrade and is a reminder of the transport of soldiers by Ulm's mariners at times of the Ottoman Wars from 1664–1718.

Le Fischerplätzle

Sur la petite place des pêcheurs se situent la maison du corps de métier des bateliers (Zunfthaus der Schiffleute) et la soit disante «belle maison». Jadis, les propriétaires de maisons furent les maîtres des bateliers. La peinture murale représente la ville de Belgrade et évoque le transport des troupes sur les bateaux d'Ulm lors du temps des guerres turques en 1664–1718.

 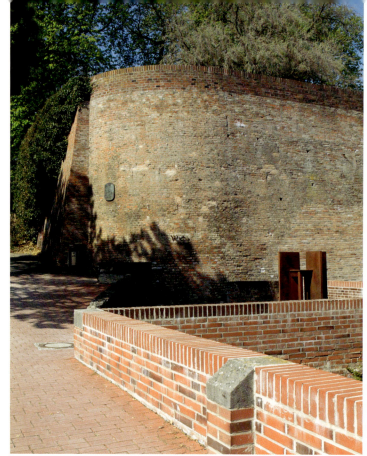

Das Kässbohrer-Haus

Die Familie Kässbohrer schrieb mit ihren Fahrzeugen Omnibus-Geschichte und prägte entscheidend die Entwicklung dieses modernen Fahrzeugs. Das historische Gebäude in der Fischergasse beherbergte viele Familiengenerationen. Heute dient es der Setra-Organisation als Gästehaus, Museum und Treffpunkt für Kunden und Mitarbeiter.

The Kaessbohrer-Haus

The Kaessbohrer family contributed to the history of coaches and took major influence in the development of this modern means of transportation. The historic building in the "Fischergasse" was home to many generations in the family. Nowadays it is guesthouse of the Setra-Association and a museum and meeting point for clients and employees.

La maison Kässbohrer

C'est la famille Kässbohrer qui influença d'une façon décisive l'histoire et le développement de l'omnibus. Dans le bâtiment historique dans la «Fischergasse» (ruelle des pêcheurs) logeaient plusieurs générations de cette famille. Aujourd'hui la maison sert de musée, hôtellerie et lieu de rencontre pour les clients et les employées.

Die Bastion Lauseck

Direkt am „Saumarkt" im Fischerviertel ragt eine imposante Backsteinmauer in die Höhe. Sie ist ein Rest der Stadtbefestigung von 1527, der „Oberen Donaubastion". 1617 wurde sie zur Bastion Lauseck, die Napoleons Truppen im Jahre 1801 zerstörten.

The Lauseck bastion

Next door to the "Saumarkt" in the fishermen's district there is an impressive brick wall similar to a tower. This is a remainder of the city wall of the upper bastion of the Danube ("Obere Donaubastion") from 1527. In 1617 it was transformed into the bastion of Lauseck which Napoleon's troops destroyed in 1801.

Le bastion Lauseck

Au «Saumarkt» dans le quartier des pêcheurs se dresse un mur en brique imposant. C'est un reste de la fortification de 1527, qui s'appela «Obere Donaubastion». 1617 elle fut transformé en «Bastion Lauseck», qui fut détruit par les troupes napoléoniennes en 1801.

Der Saumarkt

Im Fischerviertel liegt auch der historische „Saumarkt", der bis ins 20. Jahrhundert als Marktplatz für den Schweinehandel diente. An seine Funktion als Handelsplatz erinnert ein kleines Denkmal, welches den Metzger beim Handeln mit dem Bauern um die Schweine zeigt.

The Saumarkt

In the fishermen's district furthermore, there is the historical "Saumarkt" which served as a market place for pig trading until the 20th century. There is a small monument reminding of its role which shows the butcher negotiating pigs with a farmer.

Le Saumarkt

Dans le quartier des pêcheurs est aussi situé le Marché aux truies (Saumarkt) qui servit jusqu'au 20e siècle à vendre et acheter des cochons. Un petit monument fait allusion à cet usage en montrant un boucher qui négocie sur les prix des truies avec les paysans.

Das Gasthaus Zur Krone

Das Gasthaus „Zur Krone" ist das älteste Ulmer Gasthaus. Hier übernachteten bereits Kaiser, Könige und Erzherzöge. Die Wände des Innenhofes sind aufwendig mit einer seltenen Kombination aus eingekratztem Sgrafitto und aufgemalter Quadrierung gestaltet.

The tavern Zur Krone

The tavern "Zur Krone" is Ulm's oldest tavern. This place already provided accommodation for the emperor, kings and archdukes. The walls in the courtyard are elaborately designed with a rare combination of scraped Sgraffito and painted squaring down.

L'Auberge Zur Krone

L'Auberge «Zur Krone» (à la couronne) est la plus ancienne des auberges d'Ulm. C'est ici que logeaient des empereurs, des rois et des vicomtes. Les murs de la cour intérieure sont composés somptueusement d'une combinaison très rare de sgraffite et de peintures murales.

Die Dreifaltigkeitskirche

Zwischen 1616 und 1621 wurde die Dreifaltigkeitskirche auf den Grundmauern einer Klosterkirche der Dominikaner erbaut. Der Chor dieses Baus stammt aus den Jahren 1305–1321 und ist damit noch älter als das Münster, während das Langhaus und der Turm im 17. Jahrhundert in frühbarocken Formen erneuert wurden.

Trinity Church (Dreifaltigkeitskirche)

Between 1616 and 1621 Trinity Church, the "Dreifaltigkeitskirche" was built on the foundations of a Minster of the Dominican fraternity. The choir of this building originates in 1305–1321 and so is even older than the Muenster whereas the nave and the tower were rebuilt in the 17th century in an early Baroque style.

L'Eglise de la Trinité

L'Eglise de la Trinité («Dreifaltigkeitskirche») fut construite entre 1616 et 1621 sur le fondement de l'Église du cloître dominicain. Le chœur datant encore de cette époque (1305–1321) est plus ancien que la Cathédrale, tandis que la nef et le clocher furent remplacés au 17e siècle par des constructions au goût du baroque.

Der Petrusbrunnen

Vor der Dreifaltigkeitskirche befindet sich der Petrusbrunnen. Bereits 1540 in einem Rathausprotokoll erwähnt, wurde er erst 1583 mit der Petrusfigur ausgestattet.

The Petrusbrunnen

The "Petrusbrunnen" is situated in front of Trinity Church. It was already mentioned in one of the records of the City Hall in 1540, but only recieved its statue of St. Peter in 1583.

La Fontaine Saint Pierre

Devant l'église se trouve la Fontaine Saint Pierre qui fut mentionnée pour la première fois dans un document de la ville datant de 1540. Cependant la statue de St. Pierre ne fut rajoutée qu'en 1583.

Die Nikolauskapelle

Nördlich des Ehinger Hofes steht der älteste Kirchenbau Ulms, die 1222 erbaute romanische Nikolauskapelle und das ebenso alte Steinhaus.

Nikolaus' Chapel

North of the "Ehinger Hof" is the place of the oldest church of Ulm: Nikolaus' Chapel was built in 1222 in Romanic style and the stone house are of similar age.

La Chapelle de St. Nicolas

Au nord du «Ehringer Hof» se situe l'Eglise la plus ancienne d'Ulm. Datant de 1222 la Chapelle de St. Nicolas est construite en style roman comme «la Maison de pierre» qui se trouve à coté.

Der Grüne Hof

Der Grüne Hof gehört zu den ältesten Ulmer Siedlungsbereichen. Auf dem Grundstück des Ehinger Hofes, heute Grüner Hof, ließ 1370 der Ulmer Bürgermeister Lutz Krafft ein prächtiges Wohnhaus bauen, dessen „Minnesängersaal" bemalt mit beeindruckenden gotischen Fresken heute noch erhalten ist. Die Alternativbezeichnung „Reichenauer Hof" ist auf eine Niederlassung des Inselklosters Reichenau zurückzuführen und diente ihm als Handelsplatz und Gasthaus.

The Gruene Hof

The "Gruene Hof" belongs to Ulm's most ancient areas of settlement. In 1370 Ulm's mayor Lutz Krafft decided to build a magnificent house, the minstrel's hall of which is painted with impressive Gothic frescos which are still well-preserved on the land of the "Ehinger Hof", nowadays "Gruene Hof". Its alternative name of "Reichenauer Hof" is due to a settlement of the Monastery of Reichenau and served as a trading square and a guesthouse.

Le Grüne Hof

La cour verte (der Grüne Hof) fait partie des colonies les plus anciennes d'Ulm. Sur le terrain du «Ehringer Hof» qui s'appelle aujourd'hui «la cour verte» le maire d'Ulm, Lutz Krafft, fit construire en 1370 une demeure somptueuse. «La salle des troubadours» est décorée avec une impressionnante série de fresques gothiques. Il est à remarquer que cette même cour est aussi appelée «Reichenauer Hof». Ce nom à ses origines dans le fait que le Cloître de Reichenau y avait une dépendance qui lui servait de place de marché et d'auberge pour ses hôtes.

Der Gänsturm

Der Gänsturm gehört zu den beiden auffälligen Türmen Ulms und war einst Bestandteil der Stadtbefestigung. Er wurde 1360 aus Buckelquadern der abgetragenen staufischen Stadtmauer gebaut und 1445 erweitert. Seinen Namen verdankt der 37,5 m hohe Gänsturm den städtischen Gänsen, die durch dieses Tor auf die Gänswiesen getrieben wurden.

The Gaensturm

The "Gaensturm" is one of the two eye-catching towers and also part of the ancient city wall. It was built in 1360 in ashlars masonry made of the removals of the city walls of the Staufen dynasty. The urbanized geese provided the name for the tower of 37.5 metres of height as they were chased through this gate out into the fields.

Le Gänsturm

«La tour des oies» (Gänsturm) est une des deux tours d'Ulm qui se font spécialement remarquer. Elle mesure 37,5 m d'hauteur et fait partie de l'ancien mur d'enceinte. En 1360 elle fut construite en utilisant les grandes pierres de l'ancienne enceinte des Staufer qu'on avait démolie. En 1145 la nouvelle enceinte fut encore agrandie. La tour doit son nom aux oies de la ville qu'on faisait sortir dans les champs par cette porte.

Der Erbiskasten

Einer der rätselhaften alten Ulmer Brunnen ist der Erbiskasten vor dem Gänstor. Ursprünglich war auf der Säule eine Kugel, die eine Erbse dargestellt haben könnte. Heute hält ein steinerner Löwe zwei Schilder in den Krallen. Der Brunnen selbst stand 1642 zunächst in der Sterngasse und erhielt erst 1924 seinen heutigen Standort.

The Erbiskasten

One of the most ancient and mysterious fountains of Ulm is the "Erbiskasten" in front of the "Gaenstor". Originally there was a ball on top of the column which might have symbolized a pea. Nowadays a lion made of rock holds two signs in his claws. In 1642 the fountain was located in the "Sterngasse" and was only moved to its current location in 1924.

Le Erbiskasten

Juste devant «La tour des oies» il y a la fontaine «Le Erbiskasten» qui est une énigme. Sur une colonne se trouvait à l'origine une boule qui représentait éventuellement un petit pois. De nos jours, un lion taillé de pierre tient deux boucliers. 1642 la fontaine se trouvait dans la «Sterngasse» et ce n'est qu'en 1924 qu'on la transporta à son emplacement actuel.

Das Zeughaus

Das Zeughaus war einst die Rüstkammer der Reichsstadt Ulm. Es besteht aus zwei Gebäuden: eines wurde 1522 erbaut, mit einem Renaissanceportal und Gewölbe, der „Neubau" 1665–1667 angefügt.

The Zeughaus

The "Zeughaus" is the former arsenal of the Reichsstadt Ulm. It consists of two buildings: One was built in 1522 with a portal and vault in Renaissance style. The new building was added in 1665–1667.

Le Zeughaus

Jadis «Le Zeughaus» servait d'arsenal de la ville impériale. Il comprend deux parties : la première fut construite en 1522 et possède un joli portail de la Renaissance et une voûte, la deuxième partie fut rajoutée en 1665–1667.

Der Einstein-Brunnen

Der weltbekannte Physiker und Nobelpreisträger Albert Einstein wurde 1879 in Ulm geboren. Vor dem Zeughaus findet man ein Denkmal für den großen Sohn der Stadt: den Einstein-Brunnen, der mit einem bronzenen Raketenstumpf die Technik, Eroberung des Alls und atomare Bedrohung und mit einem Schneckenhaus, den Gegensatz von Natur, Weisheit, Skepsis und dem menschlichem Beherrschen der Technik symbolisiert. Albert Einstein blickt aus dem Schneckenhaus auf die Passanten.

The Einstein-Brunnen

The world famous physician and winner of the Nobel prize, Albert Einstein, was born in Ulm in 1879. The monument for this famous son of the city is located in front of the Zeughaus: The Einstein-Brunnen symbolises technology, the conquest of the outer space and nuclear threat in a rocket base and the antagonism of nature, wisdom, scepticism and the human mastering of technology in a snail shell. From the snail shell Einstein watches the passers-by.

La Fontaine d'Einstein

Albert Einstein, le physicien et prix Nobel connu dans le monde entier, est né à Ulm en 1879. Face au «Zeughaus» se trouve un mémorial pour ce célèbre fils de la ville : «La Fontaine d'Einstein» sur laquelle figurent une fusée et une coquille. La fusée symbolise la technique, la conquête de l'espace et la menace de la bombe atomique ; cependant la coquille représente un contraste : la nature, la sagesse, l'incertitude sur la possibilité pour l'homme de maîtriser la technique. Albert Einstein est caché dans la coquille et regarde de là les passants.

Der Seelturm

Den wirkungsvollen Abschluss der Reihe der Grabenhäuschen auf dem Seelengraben bildet der Seelturm. Der Name stammt vom einstigen Seelhaus vor der Stadtmauer, in dem die Seelschwestern Kranke und Aussätzige pflegten.

The Seelturm

The "Seelturm" sets a distictive end to the aligned small houses named "Grabenhaeuser" on the "Seelengraben". Their name originates in the former "Seelhaus" outside of the city walls, an institution in which nurses and doctors took care of the sick and leprous.

Le Seelturm

La Tour de l'âme (Seelturm) fait partie de l'ensemble de petites maisons construites sur les remparts. Son nom lui vient de l'ancienne «Maison des âmes» dans laquelle des sœurs soignaient les malades et les lépreux.

Der Griesbad-Brunnen

Einer der jüngsten Ulmer Brunnen aus dem Jahr 1994 ist der Griesbad-Brunnen im sanierten Altstadtviertel „Auf dem Kreuz". Er stellt ein Ulmer Original aus dem 19. Jahrhundert dar: Michael Hetzer, den „Griesbadmichel", der Hausknecht im Griesbad, einem der Ulmer Bäder, war. Ausgerüstet mit Regenschirm, Laterne und Kübel wanderte er bei Regenwetter durch den Garten des Bades, um Regenwürmer für die Angler zu sammeln.

The Griesbad-Brunnen

Built in 1994, the Griesbad-Brunnen" is one of the most recent fountains of Ulm, located in the redeveloped district "Auf dem Kreuz". It shows one of Ulm's real characters of the 19th century: Michael Hetzer, the "Griesbadmichel", was servant at the "Griesbad", one of Ulm's public baths. In bad weather he strode along the bath gardens in his raincoat with a lantern and a bucket in order to collect worms for the fishermen.

La Fontaine de Griesbad

Dans le vieux quartier «Sur la croix» (Auf dem Kreuz) qui fut restauré récemment se trouve «La Fontaine de Griesbad» (Griesbad-Brunnen) datant de 1994. Elle représente Michael Hetzer, un citoyen excentrique du 19e siècle qui travaillait dans le «Griesbad», un bain publique. Equipé de son parapluie, sa lanterne et un sceau il cherche par temps de pluie des vers de terre pour la pêche dans le jardin de la piscine.

Der Salzstadel

Der Salzstadel, ursprünglich 1592 erbaut, war das Lagerhaus für den Salzhandel. Heute befindet sich darin das in Deutschland einzigartige „Museum der Brotkultur".

The Salzstadel

The "Salzstadel", built in 1592 was a store house for the salt trade. Nowadays it is the "Museum fuer Brotkultur", a museum about bread, which is unique in Germany.

Le Salzstadel

Dans l'ancien entrepôt de sel (Salzstadel) est installé aujourd'hui le Musée de la «Culture du Pain» qui est le seul de ce genre en Allemagne.

Die St.-Georgs-Kirche

Die 1904 eigentlich als katholische Garnisonskirche erbaute und später als Pfarrkirche genutzte St.-Georgs-Kirche wurde zwischen 1978–1982 restauriert. Im Inneren kann die ursprüngliche Bemalung im neugotischen Stil bewundert werden.

St. George's Church

Built in 1904 as a military church and used as a parish church later, St. George was restored in 1978–1982. Inside, the original wall painting in neo-Gothic style is phenomenal.

L'Eglise St. George

L'Eglise St. George fut érigée en 1904 comme église catholique de garnison. Elle fut restaurée entre 1978–1982 et à l'intérieur on peut admirer les fresques originales dans le style néo-gothique.

Die Pauluskirche

Die Pauluskirche in der Oststadt mit ihren markanten „Granatentürmen" ist eine der seltenen Jugendstilkirchen. Erbaut wurde sie im Jahre 1910 als evangelische Garnisonskirche.

Paulus' church

Paulus' church with its prominent towers is located in the upper city and one of the rare buildings in Art Nouveau style. It was built in 1910 as a protestant military church.

L'Eglise de Paul

L'Eglise de Paul est une des rares églises au style Art nouveau. Construite en 1910 comme église protestante de garnison elle se fait aussi remarquer par ses tours qui semblent être influencées par l'architecture syriaque.

Das Maritim-Hotel

Das imposante, weithin sichtbare Maritim-Hotel liegt direkt am grünen Donau-Ufer. Das angeschlossene Congress-Centrum Ulm beeindruckt sowohl in architektonischer, als auch in funktionaler Hinsicht.

The Maritim Hotel

The outstanding Maritim Hotel, visible from far, is located directly on the green riverbanks of the Danube. The adjacent Congress Centre Ulm is impressive, both architecturally and functionally.

L'Hôtel Maritim

De loin on peut voir l'imposant «Hôtel Maritim» au bord du Danube. Le centre de congrès Ulm qui lui est associé impressionne par son architecture tout aussi bien que par sa fonctionnalité.

Das Theater

Ulm blickt auf eine lange Theatertradition zurück. Das jetzige Ulmer Theater wurde 1969 erbaut. Die Ballett-Skulptur „Sophitia", die tanzende Weisheit, stammt von dem legendären Ulmer Goldschmied Rudolf Dentler.

Herbert von Karajan, der weltberühmte Dirigent und Namensgeber des Platzes, war in Ulm von 1929 bis 1934 erster Kapellmeister.

The Theatre

Ulm's theatre has got a long tradition. The contemporary theatre was built in 1969. The ballet sculpture of "Sophitia", the dancing wisdom, was designed by Ulm's legendary goldsmith Rudolf Dentler.

Herbert von Karajan, world famous conductor and eponym of the square worked here from 1929–1934 as first bandmaster.

Le Théâtre

A Ulm le Théâtre jouit d'une longue tradition. Le Théâtre actuelle fut construit en 1969. La sculpture «Sophitia», la sagesse dansante, est une œuvre du légendaire orfèvre Rudolf Dentler.

Herbert von Karajan, le fameux chef d'orchestre, qui y travaillait de 1929–1934, a donné à la place son nom.

Die Neutor-Brücke

Die Neutor-Brücke ist eine Straßenbrücke, die schon im vorigen Jahrhundert über die Eisenbahnlinie führte. Ihre markante Silhouette ergibt mit dem Münster zusammen ein reizvolles Motiv.

The Neutor-Bridge

The Neutor-Bridge is a road-bridge which has lead across the railway line already in the last century. In combination with the Muenster its distinctive silhouette forms an appealing theme.

Le Pont Neutor

«Le Pont Neutor» qui traverse le chemin de fer, forme avec sa silhouette dominante de la Cathédrale un motif captivant.

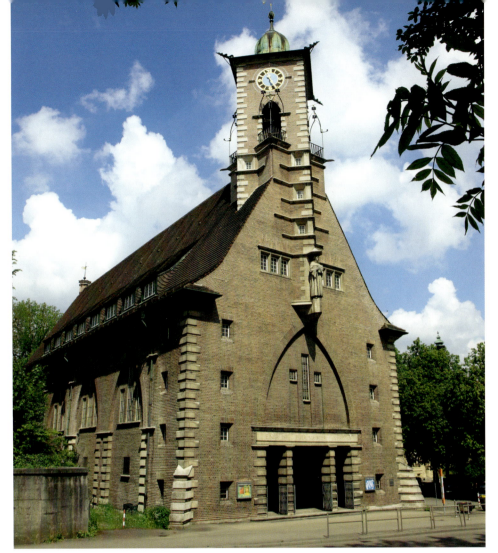

Die Martin-Luther-Kirche

Die Martin-Luther-Kirche wurde im Jahre 1928 im Stil des Expressionismus erbaut und weist einige typische Merkmale des Art Deco, wie die Dreikantformen im Hauptgesims, auf.

Martin Luther church

Martin Luther church was built in 1928 in expressionistic style. It shows typical features of the Art Deco style as for example the three-edged wedges of the main cornice.

L'Eglise de Martin-Luther

L'Eglise de Martin Luther est un édifice construit en 1928 qui laisse étudier quelques caractéristiques du style Art nouveau comme les formes triangulaires dans la cimaise principale.

Die Bundesfestung

Die 1842–1867 um die Stadt erbaute Bundesfestung war die zentrale süddeutsche Verteidigungsanlage des Deutschen Bundes. Ulm wurde damit zu einer großen Garnisonsstadt. Sie umfasst mehrere Forts und einen neun Kilometer langen Festungsgürtel mit zahlreichen Hauptwerken und mächtigen Toren.

Der gut erhaltene Zustand der Festung ist der Initiative des Förderkreises Bundesfestung Ulm e.V. zu verdanken.

The federal fortification

The fortification of the federation built around the city in 1842–1867 was the central southern German fortress of the German Confederation. This is how Ulm became a fortressed garrison town. The fortification includes numerous rings and major city gates.

Due to the initiative of the society for the promotion of the federal fortification of Ulm it is in a well conserved condition today.

La Fortification de la Confédération germanique

Les Fortifications de la Confédération germanique qui entourent la ville d'Ulm furent la défense centrale de la Confédération germanique au sud de l'Allemagne. Par conséquence Ulm devint une grande garnison. Elle comprend plusieurs bastions fortifiés et des remparts de 9 km de long avec des portes majestueuses. C'est grâce à l'initiative «des amis des Fortifications» que les fortifications se trouvent dans un si bon état.

Das Ehinger Tor war eines der Haupttore der Bundesfestung. Heute ist das Areal ein wichtiger Verkehrsknotenpunkt für Straßenbahnen, Busse und Autos.

Das Blaubeurer Tor war neben dem Ehinger Tor der zweite Hauptzugang zur Stadt auf westlicher Seite.

Fort Oberer Kuhberg ist heute Festungsmuseum, KZ-Gedenkstätte und Dokumentationszentrum. 1933 bis 1935 diente es als Konzentrationslager für mehr als 600 politische Gegner, darunter auch Kurt Schumacher.

Auf dem Michelsberg erhebt sich die monumentale Zitadelle der Bundesfestung, die Wilhelmsburg. In den vier Flügeln befinden sich mehr als 800 Räume. Der riesige Innenhof mit einer Fläche von 1,3 Hektar wird hin und wieder für Freilichttheateraufführungen genutzt.

Die vor wenigen Jahren restaurierten Teile der „Oberen Donaubastion", einer ehemaligen Artilleriekaserne, entstanden erst in den späteren Festungserweiterungen um 1904. Heute befindet sich darin das „Donauschwäbische Zentralmuseum", in dem die deutsche Siedlungsgeschichte in Südosteuropa dokumentiert ist.

The "Ehinger Tor" was one of the main city gates of the fortress of the German Confederation. Nowadays the area is an important hub for trams, buses and cars.

Besides the "Ehinger Tor" the "Blaubeurer Tor" was the second main entrance to the city on the western side.

Today, the fort "Oberer Kuhberg" is a museum of the fortress, a memorial site for a concentration camp and an information centre. From 1933–1935 it was used as a camp of protective custody for more than 600 political opponents, among them also Kurt Schumacher.

On top of the "Michelsberg", the mighty citadel of monumental fortress of the German Confederation, the "Wilhelmsburg", stands out. The four wings of the fortress comprise more than 800 rooms. From time to time the enormous courtyard of 1.3 hectares is used for open-air theatre performances.

The lately restored parts of the "Obere Donaubastion", former barracks of the artillery, were only built during the late expansion works of the fortress around 1904. Today, in these buildings the "Donauschwaebisches Zentralmuseum" provides information about the history of the German settlement in south-eastern Europe.

«La Porte Ehingen (Ehinger Tor) fut une des portes principales des Fortifications de la Confédération germanique. Elle est aujourd'hui une axe principale des tramways, busses et voitures.

«La Porte Blaubeuren» était tout comme la «Porte Ehingen» une entrée principale à la ville du coté ouest.

«Le Fort Oberer Kuhberg» abrite aujourd'hui le musée de la Fortification mais aussi le mémorial du camp de concentration avec son centre de documentation. Le Fort servait entre 1933 et 1935 aux national-socialistes comme camp de concentration, où étaient détenus plus de 600 prisonniers politiques, parmi lesquelles se trouvait aussi Kurt Schumacher.

Sur le «Michelsberg» se dresse «la Wilhelmsburg» citadelle monumentale de la Fortification de la Confédération germanique. Dans les quatre ailes de la citadelle se trouvent plus de 800 pièces, et la très vaste cour intérieure de 1,3 hectares sert de temps en temps comme théatre en plein air.

«La Obere Donaubastion», une caserne de l'artillerie ne fut construite qu'en 1904 et fut récemment restaurée. On y trouve maintenant le «Donauschwäbische Zentralmuseum» (Musée central des Souabes danubien) qui représente l'histoire des Souabes danubiens depuis leur émigration au 18e siècle jusqu'à nos jours.

Die Friedrichsau

Die Friedrichsau entlang der Donau ist die größte Grünfläche in Ulm.

Auf einer Länge von rund zwei Kilometern bietet die Parkanlage mit ihrem alten Baumbestand und den kleinen Seen viel Platz zum Erholen, Sport treiben oder in Biergärten und Gaststätten einzukehren.

The Friedrichsau

The Friedrichsau alongside the Danube is the largest green area in Ulm. The park extends over a length of two kilometres and offers lots of recreational space under old trees and around small lakes to play sport or to stop for a drink at beer gardens or taverns.

La Friedrichsau

Le parc public «Le Friedrichsau» longe le Danube et il est le plus grand parc d'Ulm. Ce parc qui possède de beaux arbres très anciens et des étangs divers s'étend sur une longueur de plus de 2 km. Les visiteurs peuvent s'y reposer à merveille, faire du sport ou encore s'y restaurer dans un des «Biergärten» typiquement allemands.

Die Universität

Die Hochschule für Gestaltung wurde 1953 von Inge Aicher-Scholl, Otl Aicher und Max Bill gegründet und bestand bis 1968. Sie gilt als die international bedeutendste Design-Hochschule nach dem Bauhaus und war Wegbereiter und Vorbild sowohl für künftige Design-Studiengänge als auch für das Berufsbild des Dipl.-Designers.

Heute gehören die Gebäude zur Universität Ulm.

Die Gebäude der Universität Ulm beeindrucken mit farbenfreudiger Architektur. Mit heute über 7000 Studenten, wurde sie 1967 als medizinisch-naturwissenschaftliche Hochschule gegründet. Sie ist die jüngste Universität in Baden-Württemberg und ein wichtiger Bestandteil der forschungsorientierten Wissenschaftsstadt Ulm.

The University

The university for design was founded in 1953 by Inge Aicher-Scholl, Otl Aicher and Max Bill and was in business until 1968. It is internationally considered the eminently significant university of design after the Bauhaus era and has been pioneering for future design study courses as well as for the job description of the graduate designer.

Nowadays the buildings are part of the University of Ulm.

The colourful architecture of the buildings of the University of Ulm is impressive. It was founded in 1967 as a university for medicine and science and comprises actually 7000 students. It is the youngest university in Baden-Wuerttemberg and a core element of the city of science and research of Ulm.

L'Université

L'ancienne Ecole supérieure du Design (Hochschule für Gestaltung) fut fondée en 1953 par Inge Aicher-Scholl, Otl Aicher et Max Bill et elle exista jusqu'en 1968. Elle est considérée comme l'Ecole la plus réputé du design, après le Bauhaus et elle fut prédecesseur et prototype des études du design et du métier du designer diplômé. Aujourd'hui les bâtiments font partie de l'Université d'Ulm.

Les édifices de l'Université d'Ulm sont impressionnants à cause de leur architecture pleine de couleurs. Elle fut fondée en 1967 comme Université de médicine et des sciences naturelles. Aujourd'hui elle est avec ses plus de 7000 étudiants l'Université la plus jeune du Bade-Wurtemberg et joue un rôle important pour la ville comme région d'innovation et de recherche.

Der Ulmer Spatz

Der Ulmer Spatz ist das inoffizielle Wappentier der Stadt. Einer Geschichte zufolge wollten die Ulmer zum Bau ihres Münsters Holz in die Stadt fahren, welches sie quer auf das Fuhrwerk geladen hatten. Das schmale Stadttor wurde damit zum Problem. Gerade wollten sie das Tor einreißen, da sahen sie einen Spatzen herbeiflattern, der einen langen Strohhalm im Schnabel trug. Als er diesen der Länge nach in eine Turmnische schob, wo er sein Nest baute, taten sie es ihm gleich und legten ihre Balken der Länge nach auf den Wagen. Zum Dank, so heißt es, hätten sie dem Spatzen ein Denkmal aufs Münsterdach gesetzt.

The Ulmer Spatz

The "Ulmer Spatz" is the unofficial heraldic animal of the city. According to a story the citizens of Ulm wanted to deliver wood for the construction of the Muenster into the city which they had loaded across the carriage. They approached the narrow city gate which then became a problem. As they were about to demolish it they saw a sparrow flying past carrying a long straw in its beak. It stuck the straw lengthwise into a gap inside the tower where it was building its nest. So they followed his example and turned the beam alongside on the carriage. The legend goes that, in return for this, they put a sparrow up onto the roof of the Muenster as a memorial: the "Ulmer Spatz".

Le moineau d'Ulm

«Le moineau d'Ulm» est l'emblème non officiel de la ville. Une légende dit que les habitants d'Ulm voulaient amener du bois dans leur ville pour la construction de la Cathédrale. Ils avaient chargé le bois de travers sur un chariot et c'est pourquoi ils eurent des difficultés à passer par l'étroite porte de la ville. Ils voulurent juste la démolir quant ils virent un moineau qui transporta une longue paille dans son bec. L'oiseau poussa ensuite la paille peu à peu dans une niche de la tour dans laquelle il construit son nid. Alors les habitants d'Ulm eurent l'idée de suivre l'exemple du moineau et de chargé le bois en longueur. En signe de gratitude ils érigerent un monument sur le toit de la Cathédrale.

Die Stadtfarben

Schwarz und Weiß sind die Farben des Ulmer Stadtwappens. Man findet sie in der Ulmer Innenstadt an zahlreichen Türen und Fensterläden.

The city's colors

The colors of the coat of arms of the city of Ulm are black and white. They are to be seen in the city centre on many doors and window shutters.

Le couleur de la ville

Le blason de la ville d'Ulm est composé des couleurs blanc et noir. C'est pourquoi ces couleurs se trouvent sur beaucoup de portes et volets du centre ville.

Das Roxy

Das „Roxy" bietet Kultur in ehemaligen Fabrikhallen mit zwei Kinos, Foyer, großem Saal und einer Kunstgalerie.

The Roxy

The "Roxy" has cultural offerings in two formerly factory buildings which contain two cinemas, a foyer, a large hall and an art gallery.

Le Roxy

«Le Roxy» est un centre de culture avec deux cinémas, des salles pour des événements divers et une galerie d'Art.

Die Ludwig-Erhard-Brücke

Die markante Ludwig-Erhard-Brücke führt über die Gleise des Hauptbahnhofs Ulm. Die Schrägseilbrücke hat eine Gesamtlänge von 295 m.

The Ludwig-Erhard-bridge

The distinctive "Ludwig-Erhard"-bridge leads across the rails of the central station of Ulm. The cable-stayed bridge expands over a length of 295 metres.

Le Pont Ludwig-Erhard

L'imposant «Pont Ludwig-Erhard», qui a une longueur de 295 m, traverse les voix ferrés de la gare centrale d'Ulm.

Die Grabenhäuser

Die Reichstadt führte 1610 ein Milizheer ein, dessen Angehörige sich für einen zwölfjährigen soldatischen Dienst verpflichten mussten. Für sie und ihre Familien wurden auf der Stadtmauer kleine Häuschen, die „Grabenhäuser" erbaut. 35 sind bis heute erhalten und wurden in den 1980er-Jahren modernisiert.

The Grabenhaeuser

The free city of Ulm introduced a militia in 1610, the members of which had to commit to a military service of twelve years. For them and their families, small houses, the so called "Grabenhaeuser" were built on top of the city wall. 35 of those were modernised in 1980 and are still visible today.

Les Grabenhäuser

En 1610 la ville implanta une garnison où les soldats devaient s'engager pour douze ans. Pour eux et pour leurs familles on construisit sur l'enceinte des petites maisons, «les Grabenhäuser». Ils en restent 35 qui furent modernisées dans les années 1980.

Verschenken Sie Kindheits- und Jugenderinnerungen...

Das ganz persönliche Geschenkbuch „WIR vom Jahrgang" ist erhältlich für alle Jahrgänge von

1922 bis 1992

Die Reihe wird fortgesetzt.

Die Jahrgangsbände gibt es auch als Ausgabe „Aufgewachsen in der DDR". Geschrieben von Autoren, die selbst im jeweiligen Jahr geboren wurden und ihre Kindheit und Jugend in der DDR verbracht haben. Erhältlich für alle Jahrgänge von

1935 bis 1989

Die neue Buchreihe „Aufgewachsen in ..." ist ein Geschenk für alle, die sich gerne an die Kindheit und Jugend in ihrer Stadt erinnern.

Für Aachen, Bremen, Chemnitz, Darmstadt, und über 60 andere Städte in Deutschland!

Für verschiedene Dekaden 40er & 50er, 60er & 70er, 80er & 90er erhältlich.

www.kindheitundjugend.de